SYNCOPE,

REINE DE MIC-MAC,

PARODIE DE PÉNÉLOPE,

Repréſentée devant LEURS MAJESTÉS, *à Verſailles, le 31 Janvier 1786.*

Par M. DESPRÉAUX, Penſionnaire du ROI.

DE L'IMPRIMERIE

De P. R. C. BALLARD, ſeul Imprimeur pour la Muſique de la Chambre, Menus-Plaiſirs & Grande Chapelle du ROI, & de Monſeigneur Comte & Madame Comteſſe D'ARTOIS.

M. DCC. LXXXVI.

Par exprès Commandement de Sa Majeſté.

Les Ballets ſont de la compoſition de Monſieur GARDEL, Maître des Ballets du Roi.

C O S T U M E S.

S Y N C O P E. Habit ſouci, fait à l'antique, grande Mante brodée de larmes.

U N I Q U E. Capote de taffetas ciré, par-deſſus un Habit de Guerrier; grande Perruque blanche.

T I C - T A C. Habit de Houſard bleu Anglois, brodé d'argent; Ceinture & Brodequins couleur de roſe.

L' E N R H U M É. Habit de Pédant

N A S U S. Couronne ſur la tête, Peliſſe & Manchon.

A L E R T E. Couronne pendue à ſa ceinture, & des Béquilles.

C L É O N E. Habit Ruſſe.

FEMMES - DE - CHAMBRE & BLANCHISSEUSES de MIC - MAC. Chemiſes drapées, Coëffures à la Créole, Boucles d'oreilles, Colliers, Bracelets & Ceintures en coquilles.

Vingt A M O U R E U X tranſis. Peliſſes & Manchons.

Deux C O R Y P H É E S. Mêmes Coſtumes.

PREMIER ACTE.

AMOUREUX TRANSIS.

Les Srs Abraham, Simonet, Leberton, Blanche, Lebel, Coindé, Deshayes, Rivet.

CUISINIERS.

Les Srs Barré, Ducel, Coulon, Guillet l.

SUIVANTES DE SYNCOPE.

Les D^lles Lafond, Masson, Leclerc, Siville.

BLANCHISSEUSES.

La D^lle COULON, HILIGEBERG.

Les D^lles Ester, Puisieux, Simon, Dancour.

PEUPLE.

Les deux Coryphées, & les quatre Cuisiniers.

Les S^rs DE LAHAIX, CLERGET.

JOCKEIS.

La D^lle NANINE, SIMON.

Les Srs LABORIE, LACHAPELLE.

MAITRE D'HOTEL.

Le Sr AUGUSTE.

DIVERTISSEMENT

DU DERNIER ACTE.

COSAQUES.

Le Sr LAURENT,

Le Sr GARDEL, j. FAVRE,

Les Srs Barré, Ducel, Coulon, Guillet, l.

RUSSIENS.

GUIMARD, Le Sr NIVELON.

LAPONS.

Le Sr GUAÏENETEY.

LANGLOIS, La D[ne] PERIGNON.

PEUPLES.

Les Srs Abraham, Simonet, Deshayes, Rivet, Leberton, Blanche, Lebel, Coindé.

PERSONNAGES. *ACTEURS*

	PERSONNAGES.	ACTEURS
Pénélope.	SYNCOPE, *Reine de Mic-Mac*,	la D[me] GONTIER.
Ulysse.	UNIQUE, *Roi de Mic-Mac*,	le Sr DUGAZON.
Télémaque.	TIC-TAC, *Fils d'Unique & de Syncope*,	le Sr TRIAL.
Eumée.	L'ENRHUMÉ, *Confident de Tic-Tac*,	le Sr CHÉNARD.
Nésus.	NASUS, *premier Amoureux transi*,	le Sr ROZIERES.
Laerte.	ALERTE, *Père d'Unique*,	le Sr DÉSESSARTS.
Suivante de Pénélope.	CLÉONE, *Dame de Compagnie*,	la D[lle] ROSALIE.
	FEMMES-DE-CHAMBRE,	
Naïades,	BLANCHISSEUSES *de Mic-Mac*,	la Dlle CARLINE.
Poursuivants.	Vingt AMOUREUX *transis.*	
	Deux CORYPHÉES,	les Srs CHATEAUFORT & DUFRESNOY.
	DÉPUTÉS *de la Cuisine*,	la D[lles] CARLINE.
	JOCKEIS.	
	PEUPLE.	

La Scène est à Mic-Mac, Isle de la Mer Glaciale.

Syncope Reine de mic mac
dans le vin ils nagent Sans cesse

SYNCOPE, PARODIE DE PÉNÉLOPE.

ACTE PREMIER.

Le Théatre représente une Salle à manger, vingt Amoureux transis sont à boire & à chanter au fond du vestibule.

SCENE PREMIÈRE.

SYNCOPE est dans un coin sur le devant de la Scène, occupée à broder un gilet pour son mari.

CHOEUR D'AMOUREUX.

AIR : *Zon, zon, zon, que le vin en bon !*

» DANS les climats les plus lointains,
Laissons les fous & les taquins,
Courir après la gloire :

Qu'ils s'y coupent jambes & bras
Pour faire inſcrire leur trépas
Au temple de mémoire.
Aimons la Dame de céans,
Buvons beaucoup, vivons cent ans :
Et diſons, zon,
Que ſon vin eſt bon!
Toujours il en faut boire.

II.

Que ſous de ſanglants étendards,
Par-tout ils ſuivent le Dieu Mars;
Qu'ils y riſquent leur vie;
Nous, ſous l'étendart des amours,
Nous deſirons paſſer nos jours:
C'eſt-là notre folie.
Aimons la Dame de céans,
Buvons beaucoup, vivons cent ans:
Et diſons, zon,
Que ſon vin eſt bon!
Il vaut bien l'ambroſie.

III.

Le ſage ne répand le ſang
Que pour faire un repas friand:
Alors rien n'eſt féroce;
Lorſque l'on trouve le plaiſir,
C'eſt bien fou de n'en pas jouir,
Pour chercher plaie ou boſſe.

Aimons la Dame de céans,
Buvons beaucoup, vivons cent ans,
Et zon, zon, zon,
Buvons ſon vin bon,
En attendant la noce.

SCÈNE II.

SYNCOPE & *ſa Suite.*

SYNCOPE.

I.

AIR: *J'avois pour tout mon domeſtique.*

DEPUIS vingt ans cette canaille
Trait mes vaches, & boit mon lait,
Et depuis vingt ans je travaille
Le jour, à broder ce gilet,
La nuit, pour tromper leur attente,
Je découds & je ſuis contente.
Quand je découds ... (3 fois)
Je ſuis contente.

CHŒUR D'AMANS.

Aimons la Dame de céans, &c.

II.

« Dans la joie » ils nagent ſans ceſſe,
Et moi je nage dans les pleurs;
Leurs yeux s'allument par l'ivreſſe,
Les miens s'éteignent de douleurs;
La nuit, &c.

CHŒUR D'AMANS.

Aimons la Dame de céans &c.

III.

Mon fils, en vain, cherche ſur terre
S'il ne trouve pas ſon papa :
Il faut que je ſois adultère,
Lorſque ce gilet finira.
La nuit, pour tromper leur attente,
Je découds & je ſuis contente.
Quand je découds... (3 *fois.*)
Je ſuis contente.

CHŒUR D'AMANS.

Aimons la Dame de céans ;
Buvons beaucoup, vivons cent ans,
Et zon, zon, zon,
Buvons ſon vin bon,
En attendant la noce.

SCENE III.

LES DÉPUTÉS DE LA CUISINE
& les Precédens.

UN DÉPUTÉ.

AIR : *Pour une fois, c'n'eſt pas la peine.*

I.

SI vous êtes la maîtreſſe,
Chaſſez de cette maiſon

Des Amoureux, qui ſans ceſſe
Dépenſent tout à foiſon;
Tous les jours dans la cuiſine
Ils ne font que carillon:
En vérité, cela ruine,
Ils mangeront votre maiſon.

II.

On voit l'un tourner la broche,
L'autre arroſe l'aloyau;
L'un met du feu ſous la cloche,
L'autre en met dans un réchaud.
Les uns hachent des ciboules,
Un autre plume un chapon.
Ils ont détruit toutes vos poules,
Ils mangeront votre maiſon.

Madame, on ne peut plus y tenir, ce qu'ils gazouillent n'eſt pas croyable.

SYNCOPE, *à part.*

Sots que vous êtes, que ne m'en débarraſſez-vous par quelques indigeſtions!

Ier DÉPUTÉ.

Il eſt honteux de voir des Rois godailler de la ſorte.

SYNCOPE.

AIR: *Des fraises.*

Ainsi que vous, mes enfans,
Je suis fort en colère,
Ces lâches de poursuivans....

LES DÉPUTÉS.

Vous grugent depuis vingt ans.

SYNCOPE.

Que faire, que faire, que faire?

UN DES DÉPUTÉS.

AIR: *J'veux être un chien.*

Depuis vingt ans que votre époux
S'est en allé d'auprès de vous,
Vous n'en avez pas de nouvelles.
Puisqu'il ne vous a pas écrit,
Sans doute il a rendu l'esprit:
Or, pour vous consoler,
Faut, sans vous désoler,
Faire aujourd'hui noces nouvelles.

CHŒUR D'AMANS TRANSIS.

CANON.

AIR: *Je suis un fou.*

Nous sommes fous
De vos appas, épousez nous.
Nous sommes fous, &c.

(Ils sortent.)

Ier DÉPUTÉ.

Madame, défendez qu'on leur donne du vin, car ils s'enivrent toute la journée.

SYNCOPE.

AIR : *N'en demandez pas davantage.*

Je ſens votre malheureux ſort,
Avec vous mon cœur le partage :
Si, vraiment, mon époux eſt mort,
A l'un de ces Rois je m'engage.
Mais j'attends mon fils ;
Ah ! mes chers amis !
» N'en demandez pas davantage.

CHŒUR DES DÉPUTÉS DE LA CUISINE.

Même air.

Régaler vingt Rois chaque jour,
C'eſt déranger votre ménage :
Ils diſent qu'ils vous font l'amour,
Ils ne font que du gaſpillage.

SYNCOPE.

Ah ! mes chers amis !
Ah ! j'attends mon fils,
» N'en demandez pas davantage.

(*Les Députés ſortent.*

SCÈNE IV.

SYNCOPE & *ſes* SUIVANTES.

O Jupiter ! Neptune ! tous les Dieux ! combien attendrai - je encore après mon époux?

AIR : *Nages toujours & ne t'y fie pas*, (des amours d'Été.)

I.

Dans ma maiſon je ſuis eſclave,
Vingt Amoureux mangent mon bien,
Et du grenier juſqu'à la cave,
Bientôt on ne trouvera rien.
J'attends le père,
J'attends le fils,
Cette attente me déſeſpère.
J'attends le père,
J'attends le fils,
Je ne reçois aucun avis.

II.

Mon fils, je crains qu'une tempête
N'aille ſecouer ton bateau !
Que tu ne te caſſes la tête,
Ou que tu ne tombes dans l'eau.
J'attends le père,
J'attends le fils,

Cette attente me déſeſpère.
J'attends le père,
J'attends le fils,
Je ne reçois aucun avis.

SCENE V.

NASUS, SYNCOPE, & *ſa ſuite.*

NASUS, *parlant du nez.*

AIR : *Reçois dans ton galetas.*

I.

TREMBLEZ qu'il ne vienne ici,
Ou c'eſt ſon heure dernière.
Oui, le fils de votre mari
Sera jetté dans la rivière.
Oui, s'il met un pied ſur le bord,
Sous les flots il trouve la mort. (*bis*)

SYNCOPE.

Mon fils ! ah !

NASUS.

II.

Quoique né fier & brutal,
Je n'aï point l'ame coquine;
De bonne-foi, je trouve mal
Que, ſans raiſon, on l'aſſaſſine :
Pour ne pas être du projet,
Demain j'emporte mon paquet. (*bis*)

CLÉONE.

AIR: *Des fraiſes.*

De vingt qui vous font la cour,
Monſieur, ſeul eſt honnête,
Répondez à ſon amour,

SYNCOPE, *tout bas.*

Hélas! il eſt chaque jour
Plus bête, plus bête, plus bête.

NASUS.

AIR: *En revenant de Saint Denis.*

Seul, je mérite votre main,
Et votre fierté me refuſe,
Madame adieu: je pars demain,
Je vois bien qu'ici l'on m'amuſe,
Votre fils on expédiera,
Je m'en moque comme de ça:
Oui, pour le ſauver du naufrage,
Primò, je veux le mariage.

(*Il sort.*)

SCENE VI.

SYNCOPE & ſa Suite

CHŒUR DE FEMMES.

AIR: *Tôt, tôt, Carabo.*

» O ! malheureuſe mère !
» Votre fils va périr ;
Faites vîte un beau-père,
Il peut le ſecourir
Sans ſortir
D'ici
Carabi,
Bientôt,
Carabo.

SYNCOPE.

Mon cher fils va périr !

CHŒUR.

Le lairez-vous, le lairez-vous, le lairez-vous mourir ?

SYNCOPE.

AIR: *Vaudeville du mariage de Figaro.*

Ah ! je ſuis ſur le qui vive,
Mon époux il faut trahir !

CHŒUR.

AIR : *Tôt, tôt, Carabo.*

» O ! malheureuſe mère !
» Votre fils va périr.

SYNCOPE.

Suite de l'air de Figaro.

Quelle affreuſe perſpective !
Ou bien mon fils va mourir.

CHŒUR.

AIR : *Tôt, tôt, Carabo.*

» O ! malheureuſe mère !
» Votre fils va périr.

SYNCOPE.

Suite de l'air de Figaro.

Grands Dieux ! quelle alternative !
Je n'eſpère en ce moment
Que ſur la bonté du vent. (*bis.*)

CHŒUR.

AIR : *Tôt, tôt, Carabo.*

» O ! malheureuſe mère !
» Votre fils va périr.

SYNCOPE, *à ſes* SUIVANTES.

Avec votre petit air gai, croyez-vous me conſoler?

SCENE VII.

PEUPLE, L'ENRHUMÉ, *les Précédens*, *deux* CORYPHÉES.

AIR : *R'lan, tan plan, &c.*

MADAM', voici votre enfant,
R'li, r'lan, r'lan tan plan,
Tire lire en plan,
Madam' voici votre enfant,
J'avons vu ſon navire.

CHŒUR.

J'avons vu ſon navire,
R'lan tan plan tire lire.

LES CORYPHÉES.

Il eſt pouſſé par le vent,
R'li, r' lan, &c.
Tout droit dans ſon empire.

CHŒUR.

Tout droit dans ſon empire,
R'lan, &c.

LES CORYPHÉES.

Il eſt grimpé ſur un banc,
R'li, r' lan, &c.
J'l'avons entendu dire.

CHŒUR.

J'l'avons entendu dire,
R'lan, tan plan, &c.

LES CORYPHÉES.

Je m'en vais revoir maman,
R'li, r'lan, &c.
Je m'en vais revoir maman,
Ah! combien je vais rire.

L'ENRHUMÉ.

AIR: *Des Bonnes gens*, (de l'Opéra de Colinette.)

La moitié de vos larmes,
Madame, il faut essuyer.
Dissipez vos alarmes,
Tâchez de vous égayer.
Tic-tac revient, vent en poupe,
Il fend l'humide élément:
Oui, lui, ses gens & sa troupe,
Seront ici dans l'instant.

(*le Chœur reprend la reprise.*)

SYNCOPE, *tombant en syncope.*

Ils vont l'assassiner. Aih! aih! aih! qu'on me tue aussi.

L'ENRHUMÉ.

Même air.

Les chagrins de la vie
Sont les ombres d'un tableau:

Plus cela contrarie,
Et plus l'effet en eſt beau.
C'eſt ainſi que tout s'enchaîne,
Pleurs & ris, crainte & deſir,
C'eſt en ſortant de la peine
Qu'on ſent le prix du plaiſir.

CLÉONE.

Paix donc, Meſſieurs, il ne s'agit pas de chanter dans ce moment; comme on doit aſſaſſiner Tic-tac, allez lui dire qu'il ſe ſauve.

L'ENRHUMÉ.

Comment ?

CLÉONE.

Comme il pourra.

AIR: *De M. de Catina.*

Pour éloigner Tic-tac, au-devant de lui, cours;
La Reine de Mic-mac en toi ſeul a recours;

L'ENRHUMÉ, *ſortant lentement.*

Je voudrois vainement lui donner du ſecours,
» Dans un péril ſi grand, & des inſtans ſi cours.

(*Il ſort.*)

SCENE VIII.

SYNCOPE, *ſes* FEMMES, & CLÉONE.

SYNCOPE, *revenant à elle.*

JE parierois mon petit doigt qu'il eſt mort; il n'y avoit que Nâſus qui pouvoit le défendre, & Nâſus ne veut pas.

AIR: *Nous nous marierons Dimanche.*

Tiens, va voir ce Roi,
Dis-lui que je croi
Pouvoir l'épouſer Dimanche;
Et que mon cœur,
En ſa faveur,
Se penche:
Que je me plains,
D'un fils je crains
Qu'on tranche
La nuque aujourd'hui:
S'il le ſauve, à lui
Je m'abandonne Dimanche.

(CLÉONE *ſort.*)

CHŒUR.

CHŒUR DE FEMMES.

AIR : *Ah ! dam' Cadet,*

Seule en ſon lit paſſer les nuits,
Fait que l'on a peur des eſprits ;
Il vaut mieux avoir deux maris,
On craint moins le veuvage,
Et l'un reſte au logis,
Quand l'autre voyage.

SYNCOPE.

O ! que je ſuis fâchée de ce que j'ai promis ! ô mon Dieu ! mon Dieu ! que je ſuis fâchée !

AIR : *Jeune fillette, que l'amour guette.* (De Cécile, Opéra-Comique.)

Ier COUPLET.

Je vois l'enfer, & j'apperçois le diable,
Il me menace, & fronce les ſourcils.
J'entends Cerbère & ſa voix effroyable,
Je vois des diables ſur des grils.
Une ombre errante,
Et gémiſſante,
Me remplit d'épouvante.

II.

C'eſt mon mari ! je reconnois ſon ombre :
Ah ! qu'il eſt laid ! Dieux ! comme il eſt changé !
Comme la mort lui donne un regard ſombre !
Je lui trouve un air affligé.
Son ombre errante, &c.

SCENE IX.

SYNCOPE, *sa Suite.*

CHŒUR D'AMANS TRANSIS.

AIR : *Je suis un fou.*

Nous sommes fous
De vos appas, épousez-nous.
Nous sommes, &c.

SYNCOPE.

AIR : *Des Folies d'Espagne.*

De vos chansons vous me rompez la tête,
En vous je vois des amoureux transis :
Mais ce que je trouve plus malhonnête,
C'est de vouloir assassiner mon fils.

CHŒUR D'AMANS TRANSIS.

AIR : *Mon bon André.* (De l'Epreuve villageoise.)

Qui pourroit me croire capable
De ce dessein abominable ?
Ce n'est pas moi.
(*à demi voix.*)
Seroit-ce toi ?

SYNCOPE.

N'importe qui me l'a dit : je le sçais, marauds que vous êtes. Ne devriez-vous pas être honteux du bacchanal que vous faites ici depuis vingt ans ?

CHŒUR.

AIR : *Je ſuis un fou.*

Nous ſommes fous, &c.

SYNCOPE.

Rendez-moi mon fils, qu'il me montre l'extrait mortuaire de mon époux, & nous tirerons au doigt mouillé qui de vous le remplacera.

CHŒUR.

AIR : *Du haut en bas.*

C'eſt un détour.

SYNCOPE.

Non, vrai, ce n'eſt pas une feinte.

CHŒUR.

C'eſt un détour.

SYNCOPE.

Je ne vous demande qu'un jour.
D'honneur vous me glacez de crainte,
Non, je ne ferai plus de feinte.

CHŒUR.

C'eſt un détour.

SYNCOPE.

En vérité, Meſſieurs, vous êtes incroyables ; on n'a jamais fait l'amour auſſi cruellement. Eh ! bien, prenez le reſte de ce que vous n'avez pas mangé, emparez-vous de mon château, vendez mes robes, mon linge, mes chiens, mon perroquet. Je vais faire retenir une place à la Diligence pour aller chez mon père Nacarre, mais laiſſez-moi mon enfant.

CHŒUR.

Nous ſommes fous, &c.

SYNCOPE, *à part.*

Ils m'ennuient plus que jamais !

CHŒUR DE FEMMES.

AIR : *Carabi.*

O malheureuſe mère !
Votre fils va périr.

SYNCOPE.

Voulez-vous vous taire, Meſdemoiſelles,

n'allez-vous pas recommencer la même chanſon.

SCÈNE X.

TIC-TAC, SYNCOPE, L'ENRHUMÉ, *& les Précédens.*

TIC-TAC.

AIR : *Ah ! le bel oiſeau, maman.*

MAMAN, baiſez votre enfant,
Il a fait un bon voyage.
Maman, baiſez votre enfant,
Il n'a point eu d'accident.

SYNCOPE.

Ton cher père eſt-il vivant ?
Tu n'en ſçais rien, je le gage.

TIC-TAC.

Pardonnez, chère maman,
Il approche du rivage.
Maman, baiſez, &c.

SYNCOPE.

Ah ! que je ſuis bien aiſe & fâchée de te

revoir ! Si tu ſçavois ce que je ne veux pas te dire. . . .

TIC-TAC.

Quoi donc ?

SYNCOPE.

Ce n'eſt pas le moment. Voyons, donne-moi des nouvelles de ton père ?

TIC-TAC.

AIR : *De la Madelaine.*

Ier.

Il n'a pas un ſol de vaillant,
Mais il revient chargé de gloire.
Il a dépenſé ſon argent,
Sans jamais quitter la victoire.
Il arrive dans ſes États,
    Et de ſon bras
    Il roſſera,
    Et punira, & cætera.

CHŒUR, *à part.*

Sur la Repriſe de l'air précédent.

En vain tu comptes ſur cela ;
    On te prendra
    Malgré tout ça,
    Et tu ſeras, & cætera.

TIC-TAC.

II.

On dit qu'il eſt vif & prudent,
Colère, hardi, brutal, honnête;
Que, lorſqu'on l'obſtine un inſtant,
De ſon ſabre il abat la tête.
Nous ſaurons le vrai de cela,
Car, bientôt il arrivera,
Et punira, & cætera.

CHŒUR.

En vain tu comptes ſur cela;
On te prendra
Malgré tout ça,
Et tu ſeras, & cætera.

TIC-TAC.

III.

On vend ſa vie & ſon portrait,
On le montre en cire à la Foire;
Aucun ne croit ce qu'il a fait,
Mais l'on achète ſon hiſtoire.
Nous ſaurons le vrai de cela,
Car bientôt il arrivera,
Et punira, & cætera.

CHŒUR.

En vain tu comptes ſur cela;
On te prendra

Malgré tout ça,
Et tu ſeras, et cætera.

SYNCOPE.

AIR : *Mon père étoit broc.*

Mon fils, que faiſons-nous ici ?

TIC-TAC.

Je n'en ſais rien ma mère.

SYNCOPE.

Je vais attendre mon mari.

TIC-TAC.

Je vais voir mon grand-père.

SYNCOPE.

Je vais rebroder,
Je vais repleurer,
Ce ſont là tous mes charmes,
Et dans quelque tems,
Je viendrai céans
Répandre encor des larmes.

(Ils s'embraſſent, & ſortent.)

Fin du premier Acte.

Alerte pere d'Unique
je suis fort inutile ici

ACTE II.

Le Théatre repréſente un lieu déſert, où l'on voit un ancien Monument, & au fond un Lavoir pittoreſque.

SCÈNE PREMIÈRE.

ALERTE, L'ENRHUMÉ, TIC-TAC.

ALERTE, *avec des béquilles.*

Je ſuis fort inutile ici, ainſi aidez-moi à rentrer dans ma maiſon.

L'ENRHUMÉ.

Nous avions préparé un petit ballet pour allonger le temps.

ALERTE.

Pourquoi faire des dépenſes qui ne ſervent à rien ? Je n'en veux point. Je n'en veux point. Donnez-moi mes lunettes, c'eſt le flambeau de la vieilleſſe.

L'ENRHUMÉ, *les lui donnant.*

Les voilà.

(*On entend le tonnerre.*)

ALERTE.

» Dieux ! quelle tourmente !
» Sur l'onde écumante,
Et je vois dans les flots
La peur des Matelots.

Je ſens que je radote, mais c'eſt qu'à mon âge
» je n'ai plus le tems d'eſpérer.

(Il ſort.) *(Orage.)*

SCENE II.

UNIQUE, *ſeul.*

AIR : *Suis-je en France.* (De l'Opéra de Golconde.)

SUIS-JE en Grèce ? ſuis-je en Ruſſie ?
En Afrique ? ou bien en Aſie ?
. . . .
. . . .
Trouverai-je dans ces lieux
Des ours, des hommes, ou des Dieux ?

Que de peines pour ſe faire une renommée ! Voici le quarante-troiſième naufrage que je fais. Quelle diable de vie ! cela ne finira donc jamais. Ce lieu reſſemble ſingulièrement au lavoir où mes blanchiſſeuſes ſe raſſembloient : je crois les entendre. Ah ! quel bonheur, ſi j'étois à Mic-Mac.

(Il ſort.)

SCÈNE III.

BLANCHISSEUSES DE MIC-MAC.

CHŒUR DE BLANCHISSEUSES.

AIR : *Vraiment, ma commère, oui.*

LE jour a chaſſé la nuit,
Un ciel ſerein nous ſourit ;
Je ſens que le vent s'appaiſe,
Ici nous ſerons à l'aiſe.

CHŒUR.

Vraiment, ma commère, oui.

(Elles ſe mettent à travailler autour du Lavoir.)

UNE BLANCHISSEUSE.

AIR : *Tôt, tôt, tôt, battez chaud.* (Du Maréchal.)

Tous les hommes ſont Blanchiſſeurs,
Et même les plus grands Seigneurs,
Chacun ſavonne en Chine, en France,
Gens de Cour, Prélats, Magiſtrats,
Le Héros, avec ſes Soldats,
Sait vous ſavonner d'importance.
Tôt, tôt, tôt, battons chaud.
Tôt, tôt, tôt, bon courage,
Vive à jamais le ſavonnage.

(Le Chœur reprend le refrein Tôt, tôt, tôt.*)*

I I.

L'homme, dès l'inſtant qu'il eſt né,
Eſt ſavonneur ou ſavonné,
Pédans, Maîtres, Femme ou Maîtreſſe
Vous le ſavonnent chaque jour;
Et quand il eſt vieux, à ſon tour
Ses gens il ſavonne ſans ceſſe.
Allons donc, venez donc,
Mais paix donc. A cet âge,
L'on donne à tous le ſavonnage.
Allons donc, &c.

I I I.

Manquez à quelqu'un de renom,
Vous en recevez un ſavon:
Mais là, de la belle manière,
Le ſavonnage va grand train,
Il vous rince votre béguin,
Mieux qu'avec de l'eau de rivière.
Tôt, tôt, &c.

SCÈNE IV.

Les Acteurs précédens, UNIQUE.

UNIQUE.

AIR: *Si des galans de la Ville.* (Du Devin de Village.)

DITES-moi, la jeune fille,
Le vrai nom de ce pays?

Comment ſe nomme la ville
Qu'on voit ici vis-à-vis ?

UNE BLANCHISSEUSE.

Vous ne liſez pas l'Hiſtoire,
Ou bien vous liſez ſans ſoin,
Car Mic-Mac porte ſa gloire
Dans les climats près & loin.

UNIQUE.

Croyez-vous Syncope en vie ?
Son fils n'eſt-il pas bien grand ?
Alerte a-t-il la manie
De prêcher à chaque inſtant ? ...

UNE BLANCHISSEUSE.

AIR : *On compteroit les diamans.*

Le fils eſt auſſi grand que vous,
Mais, il ne promet pas grand choſe,
Et c'eſt toujours ſur les genoux
De ſa maman qu'il ſe repoſe.
Toujours elle verſe des pleurs,
Et n'a pas le moindre courage,
Pour renvoyer tous les grugeurs,
Qui la veulent en mariage.

Mais, ... n'eſt-ce pas à M. *Unique* que j'ai l'honneur de parler ?

UNIQUE.

Comment, eſt-ce que vous me reconnoiſſez?

LA BLANCHISSEUSE.

Pardi, c'eſt moi qui vous blanchiſſois avant votre départ.

UNIQUE

En ce cas-là, dites-moi? . . .

LA BLANCHISSEUSE.

Je n'ai pas le temps de cauſer. Adieu, Monſieur; cependant je vous avertis en amie, de ne pas compter entrer tout d'go dans votre maiſon.

(Elles ſortent.)

SCÈNE V.

UNIQUE *ſeul.*

AIR : *La bonne aventure.*

LA vie eſt en vérité
Un fardeau terrible.
Être toujours tourmenté,
Faire l'impoſſible,
Combattre pendant vingt ans,
Monſtres, hommes, élémens,
Et combattre encor céans,
C'eſt par trop pénible.

SCÈNE VI.

TIC-TAC, UNIQUE, L'ENRHUMÉ.

TIC-TAC.

SEROIT-CE vous, Monſieur, qui venez d'arriver à la nâge?

UNIQUE.

AIR : *J'avois égaré mon fuſeau.* (Du déſerteur :)

Voyant mon bateau prendre l'eau,
Je ſuis ſauté dans la rivière.
Je ne regrette qu'un chapeau,
Une canne & ma tabatière.
N'ayant plus rien,
Je ne crains rien,
De tout je me paſſerai bien.
Plus je me trouve malheureux, } *bis.*
Et plus j'en rends graces aux Dieux. }

TIC-TAC.

AIR : *De la Camargo.*

Répondez, Monſieur,
Calmez ma frayeur,
Aviez-vous avec vous
De maman l'époux?

Unique eſt ſon nom,
Répondez-moi donc ?

UNIQUE.

Hélas ! il eſt au fond
Du gouffre profond.

TIC-TAC, *pleurant.*

Deuxième repriſe de l'Air.

Je n'ai plus de papa,
Qui donc me conduira ?

L'ENRHUMÉ.

Ami, que feras-tu ?
Ton père eſt perdu.

UNIQUE.

Dieux ! quels charmes !
Ont les larmes
Que je voi
Répandre pour moi !

TIC-TAC.

(On reprend le rondeau.)

Parlez franchement,
Dites-moi vraiment,
Aviez-vous avec vous
De maman l'époux ?
Unique eſt ſon nom,
Répondez-moi donc ?

UNIQUE.

Vraiment, il eſt au fond
Du gouffre profond.

DUO.

TIC-TAC ET L'ENRHUMÉ.

AIR : *Il pleut, Bergère.*

Ah ! cachez {à ſa / ma} mère
Le ſort de ſon époux ;
Tous les jours elle eſpère
Qu'il reviendra chez nous :
Et puiſque l'eſpérance
Soutient les malheureux,
Eſſuyons par prudence,
Eſſuyons-nous les yeux.

(*Ils tirent pluſieurs mouchoirs, & s'eſſuient les yeux.*)

TRIO.

AIR : *La ſageſſe eſt un tréſor.* (De Roſe & Colas.)

TIC-TAC.

Trompez, trompez ſes douleurs,

L'ENRHUMÉ.

Trompez, trompez ſa foibleſſe; (*bis.*)

TIC-TAC.

Elle eſt ſujette aux vapeurs,

L'ENRHUMÉ.

Elle en mourroit de triſteſſe, &c.

ENSEMBLE.

Trompons, trompons sa foiblesse, &c.

UNIQUE.

Mets donc tes lunettes, mon cher l'Enrhumé; quoi! depuis un quart d'heure tu ne me reconnois pas?

L'ENRHUMÉ.

AIR : *L'avez-vous vu mon bien aimé ?* (De la Fée Urgelle.)

A qui diable étoit cette voix?
Je crois la reconnoître.
Seroit-ce *Unique* que je vois?
Non, ce n'est pas mon maître;
Il étoit brun, vous êtes blond,
Il étoit court, vous êtes long;
Ce n'est pas lui, *bis.*
Ma bêtise est extrême.

UNIQUE, *ôtant sa perruque.*

Si fait, c'est lui, (*bis.*)
C'est *Unique* lui-même.

TIC-TAC.

De ma naissance c'est l'auteur;
Que je le baise de bon cœur,
Des deux côtés,
Vous permettez?

(*Ils s'embrassent.*)

UNIQUE & TIC-TAC.
Quel bien ſuprême
De baiſer ce qu'on aime !

UNIQUE.

Voilà beaucoup de temps perdu, dépêchons-nous de rentrer au château.

TIC-TAC.

A propos, papa, j'oubliois de vous dire que ma mère a une vingtaine d'amoureux.

UNIQUE, *avec ſurpriſe.*

Comment, vingt amoureux !

L'ENRHUMÉ.

Depuis votre départ, ils ſe ſont emparés de la maiſon ; ils y commandent en maîtres, & Syncope les craint comme le feu.

UNIQUE.

Eſt-ce que ? . . .

L'ENRHUMÉ.

Oh ! non, je ne crois pas ; mais je vous conterai cela en chemin.

UNIQUE.

Mon fils, as-tu du cœur ?

TIC-TAC.

Tout autre que mon père l'éprouveroit ſur l'heure.

UNIQUE.

Ceci n'eſt pas de toi, mais cela prouve ta mémoire.

TIC-TAC.

» Commandez, mille morts.

Mon père, j'affronterai ; derrière vous je ne crains rien ; je me battrai comme un enragé.

UNIQUE.

Il faut faire mettre dans le Journal de Mic-mac que je ſuis mort.

Cette redingotte & cette perruque que Minerve m'a prêtées, me déguiſent aſſez bien, & nous ſurprendrons nos coquins.

AIR : *Du Confiteor.*

Pour nous venger en peu de temps,
N'en parlez pas à votre mère ;
Je veux tuer ces inſolens,
C'eſt le moyen de m'en défaire. (*bis.*)
Oui, chaque coup (*bis.*) ſera ſanglant,
Et c'eſt l'affaire d'un inſtant ;
Oui, c'eſt l'affaire d'un inſtant.

(*Ils reprennent en Trio, en courant autour du Théatre.*)

Oui, chaque coup, &c.

Fin du ſecond Acte.

Unique roy de mic-mac

voici le recit incroyable.

ACTE III.

Le Théatre repréſente le Palais des Souverains de Mic-Mac.

SCÈNE PREMIÈRE.

TIC-TAC, UNIQUE.

TIC-TAC.

AIR : *Vous m'entendez bien.*

PAPA, ma mère ſuit mes pas.

UNIQUE.

Allez annoncer mon trépas ;
Je veux, ſeul avec elle...

TIC-TAC.

Hé bien !

UNIQUE.

Faire ſcène nouvelle.

TIC-TAC.

Je n'y comprends rien.

(Il ſort.)

SCÈNE II.

UNIQUE, *seul.*

PARBLEU ! voilà de grands marauds. Avec quel front ils mangent mon bien ! Que de sottises ne m'ont-ils pas dit. Il faut que j'aie bien de la patience !

AIR : *En jupon court, en blanc corset.*

» Comme d'un nuage de larmes,
» Vingt fois mes yeux se sont couverts ;
Ma foi, si j'avois eu mes armes,
J'exterminois tous ces pervers.

AIR : *Du haut en bas.*

A petit feu,
Faisons ici mourir ma femme,
A petit feu,
Oui, faisons la souffrir un peu ;
Pour savoir ce qu'elle a dans l'ame,
Oui, oui, faisons mourir la Dame
A petit feu.

SCÈNE III.

SYNCOPE, UNIQUE.

SYNCOPE, *dans un grand fauteuil.*

VOYONS, bon homme, contez-moi tout ce que vous ſavez. Vous dites donc que?...

UNIQUE.

AIR : *De Grégoire.* (Dans Richard Cœur de lion.)

J'ai vu votre cher mari
En Chine, en Miſſiſſipi,
Je l'ai vu près de l'Afrique,
Je l'ai vu dans l'Amérique,
Par-tout il ſe portoit bien.

SYNCOPE, *avec joie.*

Fort bien?

UNIQUE.

Très-bien.

SYNCOPE, *amoureuſement.*

Ah! ſon bonheur fait le mien.

UNIQUE.

Il difoit, voyant une Dame,
J'aime ma femme. (*bis.*)

II.

Lorfqu'à Troye il aborda,
Avec fa canne il traça,
Sur le fable du rivage,
De profil votre vifage;
Il étoit fort reffemblant.

SYNCOPE, *avec furprife.*

Vraiment?

UNIQUE.

Vraiment.
Puis il nous dit en chantant,
Je me moque de chaque Dame,
J'aime ma femme. (*bis.*)

III.

Un foir, mangeant du jambon
Chez le père Agamemnon,
On dit, en parlant d'Achille,
Brifëis eft fort gentille,
C'eft un vrai morceau friand.

SYNCOPE, *avec dépit.*

Frand?

UNIQUE.

Friand.

Chacun dit un mot galant.
Lui ſeul dit, parlant de la Dame,
J'aime ma femme. (*bis.*)

SYNCOPE, *amoureuſement.*

AIR : *Si jamais je prends un ami.* (Des Femmes vengées.)

Depuis vingt ans je l'attends,
Et depuis vingt ans je ſoupire :
Depuis vingt ans tout mon temps
Se paſſe à pleurer mon martyre ;
Quelquefois,
En dormant, je crois
Lui parler ; mais ce n'eſt qu'un rêve.
Je m'éveille en ſurſaut,
Et je fais un ſaut
En bas du lit, & j'endêve.

Preuve que ſon image ne me quitte pas, c'eſt que voilà ſon portrait que je porte toujours à ma ceinture.

UNIQUE, *déroulant un tableau.*

Voici le tableau fidèle de tous ſes travaux ; ils ſont deſſinés de ſa propre main.

SYNCOPE, *dans l'enchantement.*

Ah ! n'oubliez pas un mot.

UNIQUE.

Il composa lui-même l'air & les paroles, & tous les soirs il nous les chantoit.

SYNCOPE.

Et dès qu'on entendoit sa séduisante voix, tout le monde accouroit sans doute?

UNIQUE.

AIR : *La nuit quand je pense à Jeannette.*

Sa voix avoit tant de charmes,
Que chacun suivoit ses pas
En pleurant à chaudes larmes.

SYNCOPE, *avec abandon*

Ah ! vous ne m'étonnez pas !
Mon *Unique* est incroyable,
Séduire est son vrai talent;
Pour bien parler, c'est un diable,
Ou plutôt un Charlatan.

UNIQUE, *montrant avec une baguette les différens travaux qui sont sur le tableau.*

AIR : *Rassurez-vous, belle Princesse.* (D'Iphigénie en Aulide.)

Voici le récit incroyable
De ce Héros incomparable,
Qui des mers sut braver les eaux,
Et vingt ans courut monts & vaux.

SYNCOPE, *en ſoupirant,*

Monts & vaux ?

UNIQUE.

II.

Quand Achille, aux bords du Scamandre,
A ſon tour fut réduit en cendre,
Ajax voulut ſon bouclier,
Mais *Unique* en fut héritier.

SYNCOPE, *indifféremment.*

Héritier ?

UNIQUE.

III.

Ne pouvant pas prendre la Ville,
En reſſources toujours habile,
Il fit bâtir, un beau matin,
Un très-grand cheval de ſapin.

SYNCOPE, *avec étonnement.*

De ſapin ?

UNIQUE.

IV.

Un jour, en cherchant des coquilles,
Il rencontra deux crocodilles,
Enfans de Carybde & Scylla,
De ſang froid il les regarda.

SYNCOPE, *en tremblant.*

Regarda ?

UNIQUE.

V.

Ce fort géant que l'on renomme,
Qui, ſans mâcher, avale un homme.
Il ſut s'eſquiver de ſa main.

SYNCOPE, *avec curioſité.*

Comment ?

UNIQUE.

Le rendant quinze-vingt.

SYNCOPE, *avec plaiſir.*

Quinze-vingt ?

UNIQUE.

Madame, je crains de vous ennuyer, ca voilà une ſcène bien longue.

SYNCOPE.

Non, non, je vous en prie, continuez.

UNIQUE.

VI.

Calipſo, riche Demoiſelle,
Qui, ſoi-diſant, eſt immortelle,
Voulut partager ſon bonheur,
Il refuſa juſqu'à ſon cœur.

SYNCOPE, *avec tendreſſe.*

Quoi ! ſon cœur ?

UNIQUE.

Oui, ſon cœur.

VII.

Chez une fameuſe Sorcière,
Il fit ſi bien qu'à ſa prière
On lui rendit ſes compagnons
Qu'elle avoit changés en cochons.

SYNCOPE, *en ſouriant.*

En cochons?

SCENE IV.

NASUS, TIC-TAC, L'ENRHUMÉ, SYNCOPE, UNIQUE, LES AMOUREUX TRANSIS.

NASUS.

AIR : *Elle eſt morte, la vache, &c.*

CHEZ les ombres
Unique eſt paſſé,
Aux lieux ſombres,
Il eſt trépaſſé.

CHŒUR D'AMANS TRANSIS.

Il eſt trépaſſé, (*bis.*)
Oui, vraiment paſſé,

Et bien paſſé,
Et très-paſſé.

NASUS.

Chez les ombres
Uuique eſt paſſé,
Aux lieux ſombres,
Il eſt trépaſſé.

SYNCOPE.

Ce n'eſt pas vrai.

NASUS.

Il vient de ſe noyer dans l'inſtant, & cet homme l'a vu.

UNIQUE, *à part à NASUS.*

C'eſt bête, il ne falloit pas lui dire.

SYNCOPE *s'évanouit.*

Il a été! il n'eſt plus!

UNIQUE.

De ſon bateau briſé » je ſuis le déplorable reſte.

SYNCOPE, *revenant à elle.*

Vous êtes le réſte d'un bateau, qu'eſt-ce que cela veut dire? Expliquez-vous mieux?

UNIQUE.

Madame, de l'équipage, je ſuis le ſeul qui s'eſt ſauvé.

SYNCOPE.

Au moins je vous comprends.

AIR, *Eſt-il donc vrai, Lucile.*

(*Langoureuſement.*)

Peut-être on vous engage
A me faire ſouffrir;
Tout homme qui voyage
Eſt ſujet à mentir.
Mais, à l'âge où vous êtes,
Comment n'en pas rougir ;
Sachez que vous me faites
A petit feu mourir.

AIR : *Réveillez-vous, belle endormie.*

» Soyez ſincère en aſſurance,
A mon cœur, donnez dans l'inſtant
Le déſeſpoir ou l'eſpérance ;
Unique eſt-il mort ou vivant ?

UNIQUE.

AIR: *Je ſuis un pauvre miſérable.*

Vu que je ſuis un miſérable, un miſérable,
Vous m'inſultez. (4 *fois.*)

SYNCOPE.

Ah! c'eſt bien loin de ma penſée.

AIR: *Je ſuis ſimple, née au village.*

Non, bon homme
Non, non, bon homme,
Je ſuis bien loin de vous fâcher;
Vous inſulter?
Moi, vous fâcher?
Non, non; mais dites-moi donc comme
Mon cher homme,
Mon très-cher homme,
De ſon vaiſſeau
Tomba dans l'eau.

UNIQUE.

Puiſque vous doutez de tout.

AIR: *Laire-là.*

On peut vous prouver dans l'inſtant
Que votre Unique eſt au néant;
La choſe eſt très-facile à faire.
Laire-là, &c. (*En ôtant ſa boucle de col.*)

Voici ſa boucle de col qu'il me donna lui-même.

SYNCOPE.

Encore plus fort, il n'en faut plus douter, car cela ne finiroit pas.

AIR:

AIR: *Ouverture de Panurge.*

SYNCOPE, *au désespoir.*

Quel coup terrible !
Qu'il m'est sensible !

UNIQUE, *froidement.*

Cris superflus !
Il n'est plus.

SYNCOPE, *tombant en syncope.*

Il n'est plus ?
Je n'en puis plus . . . (*bis.*)
Mon mari, (*bis.*)
Mon ami. (*bis.*)

UNIQUE.

Cris superflus !
Il n'est plus.

SYNCOPE.

Il n'est plus !
Je n'en puis plus :
Ah !
Mon cher ami ! (4 *fois.*)
Mon cher mari. (4 *fois.*)

TIC-TAC, *indifféremment.*

Consolez-vous, chère maman,
Chère maman. (5 *fois*).

SYNCOPE, *au désespoir.*

Ah! mon cher enfant,
Cher enfant. (13 *fois.*)

CHŒUR D'AMANS, *en la poursuivant autour du Théatre.*

Madame, à l'instant,
Il faut entre nous
Choisir un époux. (*bis.*) } *bis.*

SYNCOPE, *se sauvant.*

Non, non, non, non.....

CHŒUR, *galamment.*

Séchez vos yeux,
C'est ennuyeux,
Allons, Madame,
Soyez ma femme, } *bis.*
Il est chez les morts
Sur les sombres bords.

SYNCOPE.

Mon mari, mon mari n'est plus des nôtres!

CHŒUR, *avec colère.*

Votre époux, votre époux est chez les autres.

UNIQUE, *à part, en riant.*

Bon, (ça prend bien, (*bis.*)
Ils ne se doutent de rien,

Ça prend bien. (*bis.*)
Ils ne ſe doutent de rien.

SYNCOPE, *criant.*

Plus d'eſpoir ! (*bis.*)
Eh bien ! je m'en vais le voir.

L'ENRHUMÉ & UNIQUE, *à part.*

Ça prend bien, (*bis.*)
Ils ne ſe doutent de rien.

SYNCOPE, *criant.*

Plus d'eſpoir ! (*bis.*)
Eh bien ! je m'en vais le voir.

CHŒUR, *gaiement.*

Séchez vos yeux,
C'eſt ennuyeux,
Allons, Madame,
Soyez ma femme ;
Il eſt chez les morts
Sur les ſombres bords.
Séchez vos yeux,
C'eſt ennuyeux,
Allons, Madame,
Soyez ma femme.

SYNCOPE, *ſanglotant.*

Mon mari (*bis*) n'eſt plus des nôtres !

CHŒUR.

Votre époux (*bis*) eſt chez les autres.

SYNCOPE, *au déſeſpoir.*

Quel coup terrible!
Qu'il m'eſt ſenſible!

UNIQUE & L'ENRHUMÉ.

Cris ſuperflus!
Il n'eſt plus....

SYNCOPE, *tombant en ſyncope.*

Il n'eſt plus!
Je n'en puis plus!
Ah! (mon cher mari, (4 *fois.*)
Mon cher ami. (4 *fois.*)

TIC-TAC.

Conſolez-vous, chère maman,
Chère maman. (5 *fois.*)

SYNCOPE.

Ah! mon cher enfant!
Cher enfant! (13 *fois.*)

CHŒUR.

Madame, à l'inſtant,
Il faut, entre nous,
Choiſir un époux. (*bis.*)

SYNCOPE, *en colère.*

Non, (laissez-moi donc. (4 *fois.*)

CHŒUR.

Non, non, non.

SYNCOPE, *s'évanouissant.*

Je m'en vais,
Je m'en vais } *bis.*
Pour jamais.

CHŒUR, *amoureusement.*

Il faut entre nous
Choisir un époux: (3 *fois.*)
Allons, Madame,
Il faut entre nous
Choisir un époux? (*bis.*)
Décidez-vous.

UNIQUE, *à part.*

Ça prend bien! (*bis.*) } *bis.*
Ils ne se doutent de rien.

SYNCOPE, *criant.*

Plus d'espoir! (*bis.*)
Eh bien! je m'en vais le voir.

TOUT LE MONDE.

Plus d'espoir. (3 *fois.*)

SYNCOPE.	LE CHŒUR.
Je veux le voir! (*bis*)	Non, plus d'espoir. (2 *f.*)

TOUT LE MONDE.

Plus d'efpoir, (*bis.*)
Non, plus d'efpoir. (*bis.*)

TIC-TAC *à* UNIQUE, *à part.*

Mon papa, foit dit fans vous fâcher, il faut que vous ayez le cœur bien dur ; car à quoi cela fert-il de lui faire de la peine ?

UNIQUE.

Paix, morveux !

TIC-TAC.

Allons, maman, prenez courage, il faut efpérer que cela ne fera rien.

SYNCOPE.

Comment ne fera rien ? Il eft mort. C'étoit bien la peine de revenir.

AIR : *Que ne fuis-je la fougère.*

De ce Héros que j'adore,
Et qui caufe tous mes maux,
Allez voir s'il refte encore
Quelques morceaux fur les eaux.

Tête, bras ou pieds, n'importe,
Vous n'en auriez qu'un cheveu,

A l'inftant qu'on me l'apporte,
Dans un grand coffre en ce lieu.

UNIQUE, *à part, à* TIC-TAC.

N'oubliez pas d'apporter fa canne & fon épée.

TIC-TAC.

C'eft - là le plus néceffaire.

CHŒUR D'AMOUREUX TRANSIS.

Nous fommes fous
De vos appas, époufez-nous.

(Ils fortent.)

SCENE V.

UNIQUE, SYNCOPE.

UNIQUE.

QUE prétendez - vous faire d'un corps inanimé ?

SYNCOPE.

Me déguifer comme lui.

UNIQUE.

Quoi ! mourir?

SYNCOPE.

Oui.

UNIQUE.

Votre fils eſt bien aſſez grand pour commander ici.

SYNCOPE.

Non, il n'eſt pas encore majeur.

UNIQUE.

AIR : *Reçois dans ton galetas.*

Sachez que vingt ans de pleurs
Vont rendre le ciel ſenſible ;
Et que, pour finir vos malheurs,
Ici vous verrez l'impoſſible;
Il me l'a dit en trépaſſant;
Rien n'eſt plus ſorcier qu'un mourant. *(bis.)*

SYNCOPE.

Les voilà déjà?

SCÈNE VI.

TOUT LE MONDE.

UNIQUE.

AIR : *Le Dieu de la tendresse.* (Du Tableau parlant.)

FAUT dans cette rotonde,
Faire entrer tout le monde,
Sur-tout les amoureux,
On a grand besoin d'eux.
On verra, (*bis.*)
Comment cela finira.

CHŒUR.

Nous voilà.... (*bis.*)
Pour terminer tout cela.

DUO.

TIC-TAC & L'ENRHUMÉ, *portant un grand coffre.*

AIR : *Mineur de l'air précédent.*

De ce Héros adroit,
Prudent, sage & terrible,
Repose en cet endroit.

SYNCOPE.

Quoi ?

TIC-TAC.

Le bras droit.
Oui, ce bras invincible,

Qui fit choſe impoſſible,
Sera montré dans peu,
En temps & lieu.

SYNCOPE, *la main ſur le coffre.*

AIR : *O Mahomet.*

Meſſieurs, je crois à cet homme incroyable,
J'oſe eſpérer que chacun y croira.
Que ſon récit ſoit faux ou véritable,
N'importe, il faut croire ce qu'il dira.
Meſſieurs, je crois, &c.

UNIQUE, *montant ſur le coffre.*

AIR : *Nage toujours, & ne t'y fies pas.* (Des Amours d'été.)

I.

Je fais ſerment ſur ma perruque,
Et ſur le coffre que voici,
Qu'*Unique* va couper la nuque
Des inſolens qui ſont ici.
Sans rhétorique
Voici le fin ;
(*Il ôte ſa perruque.*)
C'eſt que c'eſt moi qui ſuis *Unique*,
Sans rhétorique
Voici le fin,
(*Il ôte ſa capote.*)
Et je me démaſque à la fin.

CHŒUR DES POURSUIVANS, *se sauvant.*

Ciel ! c'eſt *Unique*,
Fuyons ſa main,
Et craignons une fin tragique.
Ciel ! c'eſt *Unique*,
Fuyons ſa main,
Craignons une tragique fin.

(Il prend ſa canne & ſon épée qui ſont cachées dans le coffre, & pourſuit les Pourſuivans.)

SCENE VII.

SYNCOPE & LE PEUPLE.

I I.

A SA prudence, à ſa colère,
Je le reconnois, mes amis.
Oui, de mon fils il eſt le père,
Oui, de ſon père il eſt le fils.

CHŒUR DE PEUPLE.

Si c'eſt ſon père, il eſt ſon fils,
Si c'eſt ſon fils, il eſt ſon père,
Si c'eſt ſon père,
Il eſt ſon fils.

SCENE DERNIÈRE.

UNIQUE, *revenant.*

J'AI tout tué, mes chers amis.

SYNCOPE.

III.

Votre vivacité m'enchante ;
Comment déjà tout est fini ?

UNIQUE.

D'un seul coup j'en ai tué trente,
J'en aurois tué mille ; ainsi,
Baisez le père,
Baisez le fils. (*bis.*)
Baisez la mère :
Baisez le père,
Baisez le fils ;
Allons nous-en, mes chers amis.

CHŒUR.

Baisons le père, &c.

(*Ballet général des Habitans de Mic-Mac.*)

FIN.

www.ingramcontent.com/pod-product-compliance
Ingram Content Group UK Ltd.
Pitfield, Milton Keynes, MK11 3LW, UK
UKHW020357180726
13839UKWH00003B/1153

9 782329 567174